Te 151/1161

Te 151/1161

PLAIDOYER

DE

M. DUCLOS,

Dans le procès qui lui a été intenté par le ministère public, devant le tribunal de police correctionnelle de Provins, le 12 novembre 1823.

Ensemble, quelques pièces relatives a la même affaire.

.... Quid non mortalia pectora cogis,
Auri sacra fames ?

A PROVINS,

Chez l'Auteur, rue des Marais, n° 51;

ET A NOGENT-SUR-SEINE,

Chez Lemaitre, Imprimeur-Libraire.

1824.

*Conformément à la Loi, les exem-
ont été déposés.*

PRIX, 1 fr.

PLAIDOYER

DE

M. DUCLOS,

Dans le procès qui lui a été intenté par le ministère public, devant le tribunal de police correctionnelle de Provins, le 12 novembre 1823.

ENSEMBLE, QUELQUES PIÈCES RELATIVES A LA MÊME AFFAIRE.

········ *Quid non mortalia pectora cogis,
Auri sacra fames?*

Messieurs les Juges,

Accuser devant un tribunal un homme de faire des actes de charité, de consacrer son temps et sa fortune au soulagement des pauvres malades de toutes les classes; lui faire un crime de voler, aussitôt qu'il en est informé, au secours des malheureux près de succomber sous le poids des maux qui les accablent, et cela sans la moindre rétribution. Tels sont les motifs; tel est le but des poursuites que le ministère public croit devoir diriger contre moi par les instigations de ces hommes qui, se parant du titre de conservateurs de la santé publique, ne sont en réalité que les spoliateurs du peuple et les destructeurs de sa santé. Je veux parler des Médecins et particulièrement de ceux de Provins et des environs.

Les ennemis de toutes innovations utiles et notamment de la Médecine curative, semblent possédés de l'esprit de mensonge. On se ferait difficilement une idée de toutes les faussetés, de toutes les calomnies dont celle-ci est l'objet : j'en connais la source, j'en connais la cause et je dédaignais d'y répondre, quand j'ai été forcé de ramasser un gant que l'on m'a jeté *avec tant d'impertinence*, je dirai même *d'imprudence*.

Appelé devant vous, messieurs, à défendre une cause qui est moins la mienne que celle de l'humanité toute entière, vous me permettrez, sans doute, de rechercher et de vous faire connaître les motifs de la haine que paraissent m'avoir vouée MM. les prétendus Docteurs de ce pays.

Cette haine trouve sa source dans leur cupidité trompée, leur amour-propre blessé, leur ignorance mise au grand jour.

Ces assertions me conduisent à quelques développemens dans lesquels je vais entrer.

Depuis que le nombre des Médecins, Chirurgiens, ou soi-disant tels, s'est accru dans une proportion qu'on peut appeler épouvantable, cette profession si honorable et qui peut-être regardée comme une émanation de la providence, quand elle est exercée par des hommes dont le cœur n'est pas étranger à l'humanité et à toutes les vertus sociales, cette profession, dis-je, n'est plus devenue chez les neuf dixièmes des gens qui l'exercent qu'une vile spéculation, qu'un moyen prompt de passer d'un état de misère, souvent extrême, à un état d'opulence scandaleuse.

Porteurs d'un diplôme qui n'a coûté que deux ou trois ans passés près une Académie, et plus souvent dans les cafés ou autres lieux publics, ces messieurs exercent le droit singulier de disposer à leur gré de la vie de leurs concitoyens, qui ne sont plus à leurs yeux que des biens à exploiter.

Ne regardez pas, messieurs, cette assertion comme hasardée, ou dictée par la mauvaise foi, ou quelques sentimens de récrimination ; loin de moi de pareils sentimens. Comme tant d'autres, j'ai étudié ; j'ai été lié avec les adeptes de l'ordre ; j'ai été initié à leurs mystères d'iniquités ; je connais à fond les calculs atroces qu'ils font sur la vie des malheureux.

Messieurs, un voile épais tissu de mensonges infâmes et d'impostures grossières couvrait la turpitude de ces hommes, vrai fléau de la société. Ce voile est déchiré et les honnêtes gens peuvent lire à découvert les atrocités dont il dérobait la connaissance au public. On verra certains arrangemens secrets entre les Médecins et les Pharmaciens : on verra une multitude innombrable d'ordonnances qui prescrivent l'emploi de drogues dont ils connaissent l'insuffisance et qui n'ont d'autre résultat que de ruiner le malheureux malade en l'envoyant au tombeau.

Je m'abstiens, pour le moment, de dérouler d'avantage ce tableau, la vue en serait trop hideuse.

Ce portrait que je viens de faire du plus grand nombre des gens qui se parent du titre de Médecins, n'est pas cependant celui de tous les hommes qui exercent cette noble, utile et bienfaisante profession. Je me plais à rendre un hommage public aux talens, au désintéressement et aux vertus de plusieurs Docteurs tant anciens que modernes.

Tous les siècles ont été illustrés par des hommes doués par la nature de ces qualités du cœur qui honorent tant ceux qui les possèdent ; lesquels hommes déplorant les maux sans nombre qui accablent la malheureuse espèce humaine, ont consacré leurs talens, leurs veilles, leurs fortunes même à détruire, ou du moins à notablement diminuer les souffrances de leurs semblables : gloire soit à jamais rendue à ces vrais amis de l'humanité qui mettent en pratique et portent au fond de leurs cœurs ce principe sacré : *salus populi suprema lex*, et anathème, oui à jamais anathème à ces êtres qui, spéculateurs de calamités publiques, portent gravée sur leur front en gros caractère cette devise anti-sociale : *amor nummi*. C'est celle des individus que j'ai signalés dans les premiers paragraphes de mon discours.

Puisque ces messieurs n'ont pas craint de chercher dans l'arsenal de la calomnie, de la médisance, de la délation, même la plus vile, des armes pour combattre une vérité lumineuse qui dérange leur ignoble cupidité : usant du droit légal d'une légitime défense, ce sera dans l'arsenal de la vérité, dans celui même de la science Médicale que je me procurerai celles destinées à repousser l'attaque dirigée contre moi.

Dans tous les temps, les hommes vraiment dignes du titre de Docteurs, ont regardé comme un devoir de signaler au public les ruses, les jongleries, les préjugés et l'ignorance qui faisaient la base principale de la conduite et du caractère des Médecins leurs contemporains. C'est pour remplir ce devoir que, dans le 14.ᵉ siècle, un célèbre Docteur de l'Université de Paris, nommé Pierre Appon, composa un ouvrage dans lequel il faisait le tableau suivant des Médecins de son temps :

Invidiæ pelagus, detractionis organum. Ambitionis perforatam clepsidram. Alienæ veritatis contradictorem garrulum. Propriæ ignorantiæ constantissimum, defentorem et inexcusabilem ægrorum neglectorem.

Je prie messieurs les Médecins, d'aujourd'hui, de me faire savoir s'ils sont changés de caractère. Il est vrai que ses chers confrères le traduisirent charitablement au tribunal de l'inquisition, qui, sans sa mort arrivée pendant sa détention, lui eut fait expier le crime d'avoir dit la vérité. Son souverain, le duc Durbin, ayant su apprécier son mérite et ses vertus, lui fit ériger une statue qu'il plaça parmi celles des hommes illustres.

Le Sénat de Padoue en commanda une autre qu'il fit placer à la porte de son palais, entre celle de Tite-Live et d'Albert-le-Grand; faible et trop tardif dédommagement des persécutions qu'il avait éprouvées pendant sa vie.

§ Dans le siècle suivant, un autre Docteur (Gédéon Harvée) non moins célèbre et aussi recommandable par des principes d'humanité et qui, à ses hautes qualités, joignait le titre de Médecin du Roi et de la Reine d'Angleterre, lesquels se faisaient un plaisir de le voir familièrement. Ce Docteur, dis-je, composa un ouvrage qui avait pour titre : *de dolis, mendaciis et vanitatibus médicorum.* Dans cet ouvrage on trouve des chapitres qui sont intitulés ainsi : *de lanio Doctoribus. De Doctoribus aquariis. De asino Doctoribus. De collegis médicorum.*

Je suis prêt à communiquer la traduction de ces chapitres à ceux de MM. les Médecins de Provins qui ne savent pas le latin. Pour corroborer ces assertions et compléter la honte de MM. les Docteurs modernes, citerai-je encore l'illustre Bernard Palisse, dont le nom a été comme oublié pendant près de deux siècles, et que les Fontenelle, les Réaumur et l'immortel Buffon, ont fait sortir de l'oubli en disant qu'il était aussi grand physicien que la nature puisse en former un.

Ce savant, dans un ouvrage qui avait pour titre : *déclaration ou abus et ignorance des Medecins*, s'exprimait ainsi : si la nature a donné les maladies, elle a donné les remèdes pour les guérir ; mais ils leur sont inconnus (aux Médecins) et ne les savent pas. De quoi sont-ils donc Médecins ? de maladies qui se guériraient sans eux ; encore quelques fois y font-ils plus de mal et nuisance que de bien.

Ce témoignage d'un auteur qui écrivait en 1533 sera frappé d'anathême par tous les Médecins de nos jours : mais on leur dira, sans qu'ils aient le droit de s'en fâcher, que des conjectures vagues et des observations contredites par d'autres observations, (car chacun observe à sa manière) sont un moyen bien faible à opposer aux maladies. Pour combattre la maladie et la mort qui en est presque toujours la suite inévitable, il faut des principes et encore des principes, et toujours des principes ; sans principes la Médecine n'est qu'une chimère.

Si en regard de ces opinions d'hommes d'une réputation non équivoque et qui ont fait la gloire des siècles qui les ont vû naître, j'apportais la consultation de six graves Docteurs d'une des premières villes de France, (Orléans) assemblés à grands frais pour délibérer sur la position très-dangereuse d'un malade, laquelle délibération eut pour résultat de mettre ce malade sur un lit de paille d'avoine : au bout de douze heures le malade expira. (Charlatanisme démasqué page 171.)

Si, poussé par un sentiment de vengeance qui pourrait être considéré comme licite d'après les provocations qui m'ont été faites et les sales impertinences qui m'ont été prodiguées, je voulais apporter des preuves de la supériorité du mode de traitement de M. Leroy sur ceux adoptés et mis en usage par les Médecins : si je rendais public un état nominatif de tous les individus victimes de l'ignorance et des calculs de cupidité de ces messieurs : si les familles demandaient à ceux-ci compte de leurs parens cruellement assassinés par l'effusion réitérée jusqu'à la mort de tout leur sang, au mépris de cette maxime consacrée dans tous les ouvrages de saine Médecine : *anima omnis carnis in sanguine est*.

Si en rapportant des faits non équivoques, parce qu'ils sont appuyés sur des preuves authentiques et vivantes, je citais un grand nombre d'individus, qui étaient l'objet de traitemens administrés par tel ou tel Médecin depuis fort long-temps et à grands frais, sans aucun changement ni amélioration dans leurs positions, et que j'ai guéris en deux ou trois doses des Médecines de M. Leroy, c'est-à-dire, pour 40 ou 50 sous.

Si en un mot, je disais tout ce que je sais, n'engloutirais-je pas dans une mer de honte tous mes antagonistes, et n'aurais-je pas le droit de les considérer et de les signaler même au public comme étant chacun en particulier, l'instrument d'une proscription permanente chargée de procéder à la diminution de l'espèce humaine.

Doit-on s'étonner de la facilité avec laquelle ils admettent et propagent tous ces traitemens bizarres et meurtriers émanés de cerveaux creux de quelques Docteurs ! doit-on être surpris de l'ardeur avec laquelle ils repoussent tous les moyens simples et économiques de guérir. Non, cela est tout simple et la conséquence de ce raisonnement : Moins les remèdes déclarés propres à chaque maladie sont curatifs, plus ces maladies se prolongent et plus les médecins gagnent par la répétition des visites, et plus encore il y a de maladies ; parce que les guérisons n'étant que factices et momentanées, ces mêmes maladies se reproduisent avec plus de gravité et de fréquence.

Je connais des individus qui faisaient régulièrement deux ou trois maladies par an. Ayant eu occasion de leur demander si, pendant ou après ces maladies, ils avaient été purgés, j'appris que non; d'où il résultait que la corruption enfermée dans les entrailles de ces malheureux, quelquefois adoucie, mais toujours existante, occasionnait de nouveaux ravages; et, par conséquent exigeaient de nouveaux traitemens et de nouvelles visites.

Ces mêmes individus me disaient encore que, tourmentés par les exhalaisons fétides des humeurs corrompues que leur corps contenait, ils avaient plusieurs fois témoigné à leur Médecin, le désir et le besoin d'être purgés, ce qui leur avait été constamment refusé, toujours dans le même but de prolonger l'état de souffrance de ces malheureux pour se ménager des visites.

Voici un fait à l'appui : un Chirurgien avait trouvé le moyen de tirer d'un particulier de la campagne une somme de 120 à 150 francs par an; c'était le tiers ou la moitié du produit des biens de cet homme. Trois doses des Médecines de M. Leroy l'ont exempté de ce tribut.

Cet esprit de jalousie, de haine pour la vérité et pour les gens qui la proclament a traversé les siècles en passant à titre de succession chez les individus, professant le même état pour venir se reproduire de nos jours sous des formes non moins hideuses, et lancer ses traits envenimés contre deux hommes, dont l'un est notre contemporain et l'autre vivait encore sur la fin du dernier siècle ; je veux parler des Docteurs Leroy et Ailhaud. Ce dernier, après avoir été en but aux persécutions les plus affreuses de la part de ses confrères, pour avoir composé une poudre qui portait son nom, et à laquelle tant de milliers d'individus ont dû la conservation de leur existence, n'en a pas moins trouvé la récompense de ses travaux dans la reconnaissance des gens de bien et dans la munificence du Roi Louis XV, qui daigna le créer Baron au grand déplaisir de ses antagonistes.

Quant à M. Leroy, notre illustre contemporain, celui-là aussi a bien mérité la haine, la malédiction de ses confrères, pour avoir osé prouver jusqu'à l'évidence que la cause de toutes les maladies est une, qu'elle ne peut-être qu'une, et que tous les traitemens appliqués aux maladies dont ils ont fait avec tant de frais une nomenclature si grande, ne sont que le produit d'une ignorance crasse, de préjugés grossiers et d'une cupidité effrénée.

J'offre à ces messieurs le défi de nier cette assertion, elle est appuyée sur des preuves trop multipliées pour eux, et sur l'assentiment de plus d'un tiers de la population actuelle de la France.

Ce qui prouve d'une manière victorieuse la vérité des faits que j'avance et qui doit suffire pour arracher de dessus tous les yeux le bandeau de l'erreur et de l'incrédulité, est que, depuis cinquante ans, il a paru dans le public plus de 60 à 80 mille exemplaires des ouvrages de MM. Ailhand et Leroy; tous proclamant la même vérité. L'ouvrage de M. Leroy, qui est à sa 11.ᵉ édition, a été imprimé à six mille volumes par édition depuis 15 ans. Et bien, pas un Médecin de tel pays que ce soit n'a pris la plume pour réfuter un seul principe avancé dans ces immortels ouvrages : des démarches ont été faites par les Médecins auprès des autorités civiles et judiciaires pour arrêter, ce qu'ils appelent avec raison le torrent dévastateur de leurs chers intérêts. Des procès ont été intentés sur divers points de la France, tant à M. Leroy qu'aux personnes qui, dans des sentimens d'humanité et de charité, ont fait connaître au public ce moyen aussi sûr que peu dispendieux de prévenir et de guérir les maladies réputées incurables.

Qu'ont prouvé ces procès ? Comment les gens

de l'art ont-ils démontré les mauvais effets de ces remèdes ou de ce mode de traitement, en faisant devant les tribunaux des raisonnemens d'une absurdité déshonorante, et en vomissant des imprécations qui les couvrent à jamais de honte et de ridicule ? Pas une seule vérité n'a été contestée victorieusement par eux ; mais beaucoup de sottises ont été dites : les dénominations de poisons violens, de poisons corrosifs ont été prodiguées aux médicamens : les noms de charlatans, d'empiriques, de vendeurs de Médecines l'ont été aux correspondans de M. Leroy, qui, dans les endroits qu'ils habitent ont recédé à quelques individus au prix coûtant quelques-unes de ces Médecines.

Les expressions impérieuses ne pouvaient pas encore satisfaire les passions haineuses et vindicatives de ces modernes Esculapes. L'un d'eux poussa la bassesse et l'oubli de tous les principes, jusqu'à dire dans un village, en présence de témoins, que les gens qui pourraient me devoir de ces médicamens feraient très-bien de ne m'en pas rembourser le prix.

Ce conseil, que je m'abstiens de qualifier, fut repoussé par les honnêtes gens et suivi seulement par deux individus, dont je dois le signalement au public, pour fixer l'opinion sur la moralité du conseilleur et des conseillés.

L'un est le nommé Saint-Mars fils, maître-d'école à la Bretonnière, à qui j'ai ôté une jaunisse des plus dangereuses pour 2 francs 80 centimes; l'autre est Saint-Mars père, demeurant à Provins, rue Foire-aux-Chevaux, dont j'ai guéri le fils âgé de 17 ans, d'un mal de tête des plus violens, qui depuis un mois résistait aux moyens employés par un Chirurgien de Provins. Cette guérison a été opérée en quatre jours à l'aide de quatre doses qui auraient du coûter 5 francs.

Deux autres, dont l'un mauvais médicastre de village, transportés d'une sainte ardeur de délation, après s'être répandus en invectives grossières, tant contre moi que contre le médicament dans lequel ils osèrent affirmer qu'il entrait du mercure, ajoutèrent que j'étais un espion de police.

Pour être espion de police, il faut faire abnégation de tous sentimens d'honneur et se transformer en Bouc d'Israël, chargé des iniquités du monde. Quiconque suppose sans preuve un individu capable de faire un métier aussi vil, est digne de le faire lui-même.

Il n'appartient qu'à une âme de boue de porter de semblables accusations. Il paraît que chez l'un de ces individus le moral ressemble au physique. (1)

La conduite et les propos de ces messieurs prou-

---

(1) Il a le nez mangé d'un chancre.

vent qu'ils ne peuvent s'excuser d'être méchans, qu'en s'avouant des insensés : triste alternative qui sera appréciée par les honnêtes gens. L'exercice des passions les plus villes est pour eux une jouissance si douce et comme l'élément dans lequel ils hument jusqu'à satiété l'air régénérateur de leur existence, que, dans un village........ un homme qui avait pris une ou deux medecines sur un cinquième de litre, que je lui avais recédé, vint à mourir. La corruption avait fait des progrès si rapides chez cet individu que, se mettant au lit cinq ou six jours avant sa mort, la gangrène s'était déclarée.

Le Maire de l'endroit, circonvenu par les médecins, engagea l'Adjoint à faire un procès-verbal, constatant que cet homme était mort victime des médecines de M. Le Roy, et empoisonné par elles. Ce procès-verbal ne fut pas fait.

Deux ou trois jours après le décès de cet homme, sa veuve tombe malade; elle est soignée par un Esculape de Provins, au bout de huit jours elle meurt. Cet événement déconcerta les docteurs et les doctrines.

Enfin, messieurs, de quoi suis-je donc coupable, de quoi suis-je accusé ? D'avoir sauvé la vie à une foule de malheureux près d'expirer. Étrange culpabilité ! Accusation encore plus extraordinaire! Dans tous les siècles, chez tous les peuples, les récompenses civiques et la reconnaissance publique attendaient l'homme qui avait sauvé la vie à son semblable. Serait-il réservé au dix-neuvième siècle de proscrire et de persécuter le citoyen qui consacre son temps, sa fortune au soulagement des indigens, et auquel un si grand nombre d'individus et de pères de familles recommandables vous déclarent devoir la conservation de leur existence ou la guérison de maux qui les tourmentaient horriblement.

Donnerez-vous pour motifs des persécutions dirigées contre moi, que je n'ai pas le droit d'exercer l'art de guérir ?

Non, messieurs, je n'exerce pas l'art de guérir ; mais j'use du droit qui appartient à tout homme de porter gratuitement des secours à ses semblables : je remplis en cela une obligation imposée à toutes les âmes honnêtes, obligation sacrée, écrite en caractères ineffaçables dans tous les cœurs bien-nés.

Une erreur matérielle, erreur dans laquelle l'autorité a été entretenue à dessein jusqu'à ce jour par les ennemis de l'humanité, a déterminé le ministère public à faire faire une visite domiciliaire, le 3 de ce mois, par le commissaire de police et deux agens, sous le prétexte qu'ayant vendu de la médecine, dite de M. Le Roy, depuis certaine décision du Ministre de l'intérieur, je devais en avoir un dépôt. Le résultat de la perquisition faite par ces messieurs, a été de trouver dans un de mes placards deux bouteilles portant l'étiquette de M. Cottin,

Pharmacien à Paris, et contenant chacune deux ou trois cuillerées, l'une de vomi-purgatif et l'autre de purgatif.

Je renouvelle ici la déclaration que je n'ai jamais tenu de dépôt de Médecines dites de M. Leroy, et que personne en France n'en a jamais tenu ; que c'est méchamment et calomnieusement que l'on a donné ce titre aux personnes qui, dans presque toutes les villes d'Europe et du Nouveau-Monde, ont fait venir tant pour elles que pour leurs parens et amis, des Médecines de chez M. Cottin, Pharmacien à Paris.

Je suis informé que l'on a salarié un misérable de la lie du peuple, un mendiant, pour obtenir de lui la déclaration que je lui avais délivré une liqueur que sans doute il aura exhibée. Tels sont les moyens nobles que l'on emploie pour persécuter scandaleusement un paisible citoyen.

Je méconnais et l'homme et la liqueur.

En supposant même qu'un malheureux serait venu chez moi implorer ma pitié, solliciter ma générosité pour obtenir le don d'un remède bienfaisant, nécessaire au rétablissement de sa santé, eh bien, messieurs, pour avoir été sensible aux souffrances d'autrui, pour avoir fait un acte tout à la fois de générosité et d'humanité, je serais condamnable et passible d'une punition quelconque.

Pour justifier un pareil jugement, en vain me

direz-vous que j'ai donné un remède prohibé par une décision ministérielle, comme dangereux et malfaisant; messieurs, l'opinion publique a fait depuis long-temps justice de cette assertion basée sur d'infâmes impostures. Des certificats nombreux, émanés par-tout de l'élite de la société, prouvent d'une manière évidente l'efficacité de ces remèdes, et réduisent au silence leurs insensés antagonistes.

Ici se présente une question que je crois devoir soumettre à votre sagesse.

Le Ministre trompé par le rapport fallacieux de l'Académie, a pu, en s'appuyant sur des lois réglementaires de la Pharmacie, interdire aux individus non Pharmaciens la faculté de vendre ce remède comme d'autres ; mais a-t-il pu et du entendre empêcher un individu quelconque de faire venir ce remède pour lui, son voisin, son ami ; encore moins défendre à un homme aisé et bienfaisant de procurer gratuitement ce remède à un indigent succombant sous le poids de maux qui ne peuvent être guéris que par ce moyen.

Donner à cette décision du ministère ce sens forcé, ce serait en faire un fléau destructeur de l'espèce humaine, la mettre au rang des calamités publiques. Je suppose un cas qui ne s'est trouvé que trop souvent. Un malade, après avoir été traité long-temps et dispendieusement par messieurs les Docteurs, est dans un état désespérant, abandonné de ses médecins, l'heure de la mort est prête à sonner pour lui, un ami, un voisin lui dit : j'étais comme toi, j'ai pris des Médecines de M. Leroy, j'ai été guéri. Ce discours fait naître l'espérance dans le cœur du moribond, il voit reluire pour lui de nouveaux jours de bonheur; sa famille éplorée vient me supplier de ne pas laisser mourir misérablement un époux, un père tendrement aimé ! ému de compassion mon cœur ne me permet pas de refuser, je vole au secours du malheureux, je lui procure le remède de M. Leroy, et je le sauve. Je m'énorgueillis en secret d'avoir fait une bonne action ; mais l'autorité est instruite que j'ai sauvé la vie d'un homme avec le médicament Leroy, et pour me récompenser d'une action si honorable, on vient faire perquisition chez moi, on saisit des choses qui m'ont coûté de l'argent, par conséquent on me fait du tort; bien plus, un tribunal me condamne à une amende.

O tempora... ô mores.

J'ai trop bonne opinion de vous, messieurs, pour croire que de pareils sentimens trouvent accès dans vos cœurs.

Je n'ai plus qu'une observation à faire.

La saisie que l'on a faite chez moi de deux bouteilles contenant de petites portions de Médecine est illégale, destructive de toutes libertés individuelles, attentatoire au droit qu'a tout citoyen d'avoir chez lui le médicament qu'il juge nécessaire à la conservation de sa santé.

Pour donner à cette saisie une apparence d'impartialité, il faudrait qu'elle ait lieu chez tous les gens qui ont ce remède chez eux. Qui plus est, il faudrait en faire autant chez tous les maîtres de Postes qui tiennent publiquement divers dépôts de médicamens, et chez les propriétaires de châteaux qui, pour l'ordinaire ont chez eux des drogues ou compositions pharmaceutiques qu'ils se font un devoir de donner aux indigens de leurs communes.

Telles seraient les conséquences d'un système qu'on paraît vouloir adopter contre moi, et qui ne serait rien moins qu'une inquisition horrible et épouvantable. D'ailleurs, messieurs, cette proscription du remède Leroy, est absurde en droit, impossible en fait. Toutes les décisions ministérielles du monde n'empêcheront pas qu'un homme qui a été guéri par ce moyen, ne publie sa guérison et engage les malades de sa connaissance à employer les mêmes moyens : elles n'empêcheront pas, non plus, que chacun fasse chez soi ce remède, puisque le livre indique la manière de le faire.

Le coupable est celui qui fait le mal ou qui empêche de faire le bien. Ma justification se trouvant toute entière dans le bien que j'ai fait.

Je n'ai plus rien à dire qu'à prier le tribunal d'entendre mes témoins.

Le tribunal mit cette affaire en délibéré, et prononça le 19 du même mois un jugement par lequel il me condamna à une amende de 100 francs et aux frais qui s'élèvent à 27 francs.

Je laisse à la sagacité de mes lecteurs à deviner pourquoi le jugement n'a pas été prononcé séance tenante.

La Salle était pleine.

OBSERVATIONS

REMISES AU PRÉSIDENT,

LE 13 NOVEMBRE 1823.

Monsieur le Président,

Puisque le tribunal a cru devoir mettre mon affaire en délibéré, permettez-moi de vous adresser quelques observations qui, moins dans mon intérêt que dans celui de la vérité, tendront à éclairer votre justice.

Toute cette affaire repose sur deux questions, dont j'ai déjà eu l'honneur de vous soumettre la solution.

Suis-je ou ne suis-je pas dépositaire des Médecines de M. Leroy...?

Ai-je ou n'ai-je pas le droit comme tout autre individu de donner à titre de bienfait ou de recéder à qui bon me semble les Médecines de M. Leroy?

La première de ces questions est résolue par la preuve que vous pouvez acquérir, que jamais

M. Leroy n'a donné à qui que ce soit de ses médicamens à titre de dépôt ; cette conviction serait encore résultée pour vous des déclarations de mes nombreux témoins, que vous avez refusé d'entendre, et qui tous vous auraient affirmé, comme le porte le certificat que j'ai eu l'honneur de mettre sous vos yeux, que, presque toujours, j'ai joint aux médicamens que j'ai recédés les prescriptions imprimées ou écrites du Chirurgien Leroy.

Il y a une grande différence entre cession bénévole et obligeante, et vente ou distribution.

La première de ces actions est du domaine des bonnes œuvres et constitue l'homme obligeant, serviable : l'autre suppose un profit ou bénéfice que je suis loin d'avoir fait, et qu'on ne peut même pas supposer sans me faire injure.

Quant à la seconde question, celles de savoir si un individu peut donner ou recéder à un autre un médicament confectionné par un Pharmacien sur la prescription d'un Chirurgien........ elle est si claire, si conforme aux principes de liberté, à laquelle tous les hommes ont droit, qu'elle ne peut pas laisser le moindre doute. (1)

---

(1) Défendre, s'il était possible, à un homme aisé de donner à des malheureux des médicamens pour leur sauver la vie ; ce serait équivalemment rendre un arrêt de proscription contre les indigens.

J'ai vu avec peine, et vous prie d'observer, que les procès-verbaux dont lecture a été faite à l'audience, ont été rédigés dans un esprit de partialité et de calomnie vraiment dégoûtants; il semble que les rédacteurs de ces actes aient juré de se mettre dans un état permanent de mensonges.

PREMIER EXEMPLE.

Le Maire de Sourdun vous dit que le sieur Bernard, son plus proche voisin, étant venu me consulter pour son enfant qui était affecté d'une forte ankilose au genou, je lui avais conseillé l'usage des remèdes de M. Leroy, et que ce médicament n'ayant pas réussi, l'enfant était estropié. Ce mensonge est trop grossier pour le passer sous silence; l'ankilose a fondu à vue d'œil, au bout de huit jours l'enfant était guéri. Son père et 50 témoins étaient là pour affirmer la vérité de ce fait.

DEUXIÈME EXEMPLE.

Le commissaire de police se transporte chez plusieurs individus de Provins, dont il donne les noms dans son procès-verbal, et leur demande si je leur avais recédé les remèdes de M. Leroy, et quels effets ils en avaient éprouvé. Ils répondirent tous qu'effectivement je leur avais recédé de ces remèdes, et qu'ils en avaient éprouvé les effets les plus salutaires. M. le Commissaire passe sous silence toutes ces déclarations, et vous parle seule-

ment d'un individu qui en avait pris deux cuillerées pour un enfant qui en était mort : indigné
d'un tel rapport, je m'écriai que c'était faux et
impossible. Le Commissaire lui-même répondit
que l'enfant était mort six semaines après.***

L'impartialité qui doit guider la plume de tout
fonctionnaire public commandait à M. le Commissaire de rapporter toutes les déclarations qui lui
avaient été faites par les individus qu'il avait questionnés. Point du tout, il choisit la seule, qui
quoique très insignifiante par elle-même, paraît
être la plus propre à atteindre le grand but de me
nuire.

MON OPINION

SUR UNE CIRCULAIRE

DU MINISTRE DE L'INTERIEUR,

RELATIVE A LA MÉDECINE CURATIVE DE M. LEROY.

Il appartient à tout honnête homme d'éclairer
ses concitoyens sur les actes administratifs qui
tendent à restreindre leur liberté, et à sacrifier
l'intérêt général à l'intérêt d'une corporation. C'est

sous ce double point de vue que doit être considérée une circulaire du Ministre de l'Intérieur qui défend la vente des Médecines de M. Leroy, ailleurs que chez les Pharmaciens, qui, encore, ne devront délivrer ces médicamens que sur ordonnances de Médecins.

Fort de l'expérience acquise par moi-même, et témoin oculaire de cures innombrables et surprenantes, opérées par les remèdes de M. Leroy, sur des individus condamnés par les Membres réputés les plus infaillibles de la Faculté, je ne crains pas de m'avancer dans l'arène, et couvert du bouclier de la conviction, de combattre avec toutes les armes de l'évidence, les lâches calomnies dont M. Leroy est l'objet.

Je déclare solennellement, publiquement, et en face du monde entier, que les *infaillibles* ont failli *sciemment*,

    Dans le témoignage de leur conscience,

    Dans leur rapport au ministère,

    Dans l'hommage dû à la vérité,

    Enfin dans leur devoir envers leurs semblables.

Je m'explique :

Ils ont failli dans le témoignage de leur conscience, en déclarant dangereux les remèdes de M. Leroy, lorsqu'ils savent le contraire. La persécution qu'ils exercent contre ces remèdes en prouve la bonté ; car si les effets en étaient dangereux, personne n'en ferait usage, et ils se proscriraient d'eux-mêmes.

Ils ont failli dans leur rapport au ministère, en supposant des accidens causés par ces remèdes, accidens qui n'ont jamais existé que dans leurs têtes et leurs cupides imaginations.

Ils ont failli dans l'hommage dû à la vérité, en signalant ces remèdes comme composés de drastiques violens, prescrits à des doses mortelles, quand il est de notoriété publique que les doses de ces médicamens sont toujours proportionnées à la sensibilité des malades, et que le volume d'une faible cuillerée à deux, pour le vomi-purgatif, et d'une cuillerée à quatre, pour le purgatif, (sauf des cas extrêmement rares) augmente ou diminue selon cette même sensibilité, et d'après la durée ou l'intensité de la maladie.

Quant à la force de l'action de ces doses, MM. les *infaillibles* ne sont pas plus fondés en raison ; car, jusqu'au troisième degré, ces médicamens n'agissent que très-faiblement, même sur des individus *débiles*.

Enfin, ils ont failli dans leur devoir envers leurs semblables, en cherchant à priver la classe malheureuse et intéressante de la société, d'un moyen prompt et peu dispendieux, de détruire toutes maladies, puisque pour rétablir une santé délabrée, il n'en coûte souvent que six francs, et quelquefois la moitié, ou même le quart de cette dépense, suffit pour prévenir de graves accidens; on a vu des fièvres putrides, malignes etc, céder à un sacrifice aussi léger.

Que les honnêtes gens se rassurent, l'esprit de méchanceté et de cupidité ne peut pas prévaloir, dans ce siècle, contre la raison et l'évidence des faits. La méthode de M. Leroy, simple, claire et explicative, est pour tout individu, un guide prudent, un Médecin éclairé, qui prévoit tous les accidens que la santé peut éprouver. A l'aide de cet immortel ouvrage, chacun peut se traiter, et faire chez soi le remède approprié à son état de maladie. On peut par conséquent en composer à frais communs, entre vingt ou trente amis; et l'homme bienfaisant peut en faire cadeau aux malheureux, comme il est libre de donner son argent.

A l'exemple de cette courageuse Romaine, qui osa en appeler de César mal informé à César bien informé :

J'en appelle du Ministre trompé, au Ministre éclairé par des hommes impartiaux.

M. DUCLOS

AUX HONNÊTES GENS.

Iniquitatis mensura nunc cumulata est.

Un jugement du tribunal de police correctionnelle de Provins, rendu le 19 novembre 1823, m'a condamné à une amende considérable, comme prévenu d'avoir vendu des médecines de M. Leroy.

Mon honneur et l'intérêt de la vérité m'imposent l'obligation de faire connaître au public les motifs, sinon apparens, du moins réels de ce jugement; les moyens employés pour l'obtenir et le caractère des individus qui l'ont provoqué.

Une décision ministérielle basée sur un rapport mensonger de l'Académie de Médecine, a ordonné la saisie des dépôts des Médecines de M. Leroy : belle occasion pour MM. les Docteurs et Pharmaciens, de mettre à exécution un projet conçu depuis long-temps de me faire un procès.

Ces messieurs qui mourraient d'inanition, s'ils ne vivaient de calomnie, n'eurent rien de plus pressé que de me signaler à l'autorité comme tenant un dépôt de ces Médecines; mais il fallait me prendre en flagrant délit, et voici comme on s'y prit pour établir ce délit. (Les actions les plus viles ne coûtent rien aux hommes qui ont fait abnégation de tous sentimens d'honneur.) On paie un misérable mendiant pour venir surprendre en mon absence la bonne foi des personnes de ma maison, et solliciter leur générosité, à l'effet d'obtenir une Médecine pour sa femme qui était, disait-il, dangereusement malade ; il l'obtient, sort avec et va la porter au Commissaire de police qui l'attendait au coin d'une rue. Celui-ci dresse procès-verbal et vient ensuite violer mon domicile avec deux agens, sous le vain prétexte que je tenais un dépôt des Médecines de M. Leroy. La perquisition faite chez moi, par ces messieurs, produisit la découverte de deux bouteilles contenant chacune deux ou trois cuillerées de Médecine que j'eus l'extrême complaisance de laisser emporter.

Quelques soient les auteurs d'une pareille gentillesse, ils n'ont pas le mérite de l'invention, et M. le Commissaire de police n'a fait que copier ses honorables confrères qui ont acquis, ainsi que lui, des droits au mépris des honnêtes gens de tous les pays. Ce qui prouve la vérité de ce fait, c'est que l'ayant inséré dans mon plaidoyer lu à l'audience du 12 novembre, M. le Commissaire, qui était présent, ne crut pas devoir me répondre.

Improbos necat veritas.

Lecture faite du procès-verbal constatant ce haut-fait du Commissaire, on passa à celle d'un procès-verbal rédigé par le Maire de Sourdun, dans lequel cet *honorable Magistrat* affirmant qu'ayant été consulté par le nommé Bernard, pour son enfant qui était affecté d'une forte ankilose au genou, je lui avais fait prendre les Médecines de M. Leroy, et que l'enfant était estropié.

La vérité est que l'ankilose a fondu à vue d'œil, et que l'enfant a été guéri en huit jours ; le père de l'enfant et au moins trente personnes du pays étaient à l'audience pour affirmer la réalité de cette guérison : on ne leur permit pas de parler non plus qu'à mes autres témoins qui étaient au nombre de 55.

Le Maire de Sourdun n'ayant pas craint d'insérer dans un acte public un fait notoirement faux, me donne le droit de dire qu'il a sacrifié sa conscience à ses passions, et de le signaler comme coupable du crime de *leze-vérité*.

Revenons au jugement :

C'est en torturant des lois insignifiantes, en s'obstinant à me considérer comme dépositaire, malgré toutes preuves contraires ; en s'appuyant sur une décision du Ministre de l'Intérieur, basée sur un rapport infâme et mensonger de l'Académie de Médecine, en refusant d'entendre des gens qui étaient venus déclarer qu'ils me devaient la vie, en m'interdisant la parole, en me privant du droit légal de me défendre; et enfin en provoquant un espionnage affreux qui fait à jamais la honte de celui qui en a été l'instrument, (1) que l'on est parvenu à me trouver coupable et à me condamner à une amende considérable.

Cherchera-t-on à justifier un pareil jugement en disant que j'étais en contravention à des lois ou décisions ministérielles, et qu'il était constant que j'avais vendu des Médecines de M. Leroy. Je réponds qu'il n'était pas constant que j'avais vendu des Médecines, puisque j'offrais la preuve contraire, et qu'il l'était encore moins que je connusse des lois assez inquisitoriales pour interdire à un particulier la faculté de recéder à un autre un médicament confectionné par un Pharmacien; en me supposant même coupable, si cela était possible, d'une pareille contravention, la justice, la raison et l'amour de la vérité (car sans vérité il n'y a pas de justice) et tous les sentimens honorables que des juges intègres devraient se faire gloire de professer, n'imposaient-ils pas à ces messieurs l'obligation de s'informer scrupuleusement des résultats de cette prétendue contravention, et savoir si en contreve-

---

(1) Le Commissaire de police de Provins.

nant à des lois insignifiantes j'avais commis un délit envers la société.

Si cette enquête eut été faite, on aurait appris que dans ce pays seulement, plus de mille à douze cents personnes me devaient la vie ou la guérison de maux affreux qui les tourmentaient horriblement. Alors se serait établi une espèce de compensation, que dis-je, non, il n'y aurait pas eu de compensation, car il ne peut y en avoir entre un délit imaginaire et un bien réel, et on me condamne ! En me condamnant n'est-ce pas équivalemment consacrer ce principe anti-social : meure plutôt l'espèce humaine que de blesser l'intérêt d'une classe d'individus qui n'usent de leur pouvoir que pour faire le mal.

Peuples, assez long-temps vous avez été victimes des préjugés grossiers qui vous étaient inculqués par des hommes qui exploitaient votre ignorance à leur profit : assez long-temps, vos fortunes ont fait l'objet des spéculations d'une classe de gens avides de vos dépouilles. Ces hommes qui se faisaient une étude de vous conduire d'erreur en erreur, et auxquels vous accordiez votre confiance, ne sont que des pourvoyeurs de la mort, dont les titres sont écrits sous le voile de l'erreur, et se laissent lire en gros caractères par tous ceux qui ont pu le soulever assez pour reconnaître qu'avec ces titres on n'est grand qu'autant que les autres sont petits et qu'ils veulent bien rester circonvenus par leurs préjugés.

Ouvrez les yeux à la lumière, écoutez des vérités qui vous sont dévoilées par des hommes désintéressés, qui n'ont d'autre but que le bien général et qui n'ambitionnent d'autres récompenses que la reconnaissance des gens de bien.

Organe d'une société philantropique propagatrice d'un système médical, seul en harmonie avec la raison et confirmé par des succès nombreux obtenus dans les quatre parties du monde.

Je vous déclare que :

Tous les traitemens dirigés par les Médecins contre les diverses maladies dont vous êtes affectés, tous les noms donnés par eux à ces mêmes maladies (et qui sont de l'hébreu pour vous), toutes ces prétendues complications ou mélanges de maladies. Toutes ces maladies dites de quarante jours ; toutes ces opérations douloureuses comme incisions aux doigts pour panaris, le charbon et autres ; amputations d'un membre pour ulcères ou plaie ancienne, diètes longues et sévères ; effusion du sang par les infâmes reptiles appelées sangsues ou par la lancette. Tout cela n'est que le fruit d'une ignorance grossière, d'une cruauté atroce et d'une cupidité effrenée et horrible.

Ceux qui vous ordonnent tous ces traitemens insignifians, avec espoir de succès, sont des ânes : ceux qui les donneront avec la certitude qu'ils ne réussiront pas, et dans le but seulement de prolonger vos maux, sont des....... vous m'entendez.

Aliquando per vicos ambulans, non equites sed homines super equos vidi : vitulos quærentes eos existimabam lanios.

Non prorsùs.   *Medici erant.*

COPIE

D'UNE LETTRE ÉCRITE

PAR

M. DUCLOS A M. LEROY,

LE 8 OCTOBRE 1823,

INSÉRÉE DANS LA GAZETTE DES MALADES N° 16,
JEUDI 15 JANVIER 1824.

Monsieur, il est du devoir de tout honnête homme de répondre à l'appel que vous faites à tous les amis de l'humanité, pour repousser et réduire au néant les basses et viles calomnies dont votre méthode est l'objet.

Il faudrait avoir, comme le cruel Néron, déclaré la guerre à l'espèce humaine, pour ne pas éprouver un sentiment d'horreur au récit des mensonges grossiers et dégoûtans qui ont été insérés dans plusieurs journaux, au sujet de vos médicamens.

Assez d'écrivains ont trempé leur plume dans l'encre bourbeuse de la calomnie et de la diffamation, pour que, à son tour, la voix des honnêtes gens s'élève, afin d'anéantir les vociférations de ces monstres, dont la mission semble être d'étouffer la raison, à l'effet de parvenir plus sûrement à désoler l'espèce humaine.

Pour vous aider à rendre à la vérité ses droits qu'on outrage si impunément, je vous fais parvenir un état nominatif des personnes qui, à ma connaissance, ont été guéries par votre méthode.

Cet état ne contient pas la millième partie des individus qui ont eu à se louer de l'usage de vos médicamens.

Étant au-desssus de toutes craintes et de tous préjugés, je vous autorise à faire de cette lettre ce que vous voudrez, vous pouvez l'imprimer si bon vous semble.

Agréez, etc. etc.,

Signé DUCLOS.

Ce journal contient en outre un état nominatif de trente personnes toutes domiciliées dans les environs de Provins, guéries de maladies réputées incurables, et l'extrait d'une lettre adressée à M. Leroy, sous la date du 1er octobre 1823, par

MM. D'hordaing, propriétaires, rue Vivienne, N° 1, à Paris.

Suit cet extrait :

Tombé malade en 1815, j'ai été traité pendant sept ans par neuf Médecins de la Capitale; j'ai fait usage d'après leurs ordonnances de sirop de Salsepareille double, eau minérale de Balaruc, eau de Sedliz, autre sirop dit ami du sang dont j'ai bu la raisonnable quantité de 406 bouteilles. J'ai pris 384 bains, et me suis fait faire 104 frictions mercurielles.

La dépense occasionnée par tous ces traitemens, se monte à 7,787 fr. 75 c. Je n'avais pas éprouvé de soulagement et en étais pour mon argent de moins et des souffrances de plus, quand, le 1er février 1823, madame la Baronne De** ma parente, me proposa d'aller consulter M. Leroy, à qui elle devait la guérison d'un lait épanché.

J'ai suivi les conseils qui m'ont été donnés par ledit sieur Leroy. Six bouteilles de son purgatif ont plusque suffi pour me remettre dans l'état de bonne santé où je me trouve aujourd'hui.

Nota. Ces 6 bouteilles ont coûté 36 fr. et ont exigé un traitement de 57 jours ; il y a loin de là à 7 ans de souffrances cruelles et à une dépense de 7,787 fr. 75 c.

Signé D'HORDAING.

AVIS aux incrédules et aux gens circonvenus par les préjugés.

O asini coram veritate intremete et carduos manducate.

Les personnes qui désireront avoir des renseignemens plus précis et connaître les progrès de la Médecine curative, pourront s'adresser à Provins chez M. Duclos, qui se fera toujours un plaisir de répondre, soit verbalement, soit par écrit, à toutes les demandes qui lui seront faites.

Un fonctionnaire public de Provins, s'est permis de dire ironiquement à quelqu'un :

Ce M. Duclos ne se vante-t-il pas de guérir les individus affectés d'ankiloses : oui, monsieur le Magistrat, ne vous en déplaise.

En dépit de tous les Médecins du monde, et nonobstant toutes condamnations correctionnelles, la Médecine de M. Leroy guérit à l'extérieur de toutes plaies, tumeurs, ankilose, ulcères, panaris, charbons ; et à l'intérieur, de toutes maladies telles que, fièvres-tierces, quartes, putrides, malignes, inflammatoires, scarlatines, paralysies, hydropisies, léthargies, épylepsies, véroles petites et grandes, etc. etc.

Tolle et lege.

ACTES D'IGNORANCE,

DE MAUVAISE FOI ET DE CUPIDITÉ

DE MM. LES DOCTEURS

DE PROVINS.

Le sieur Rousseau, maître d'école à Sourdun, était affecté depuis long-temps d'une éruption de boutons qui suppuraient tellement que sa chemise était quelques fois roide de pus. Tant que cette suppuration exista, sa santé se soutint à-peu-près. Au commencement de décembre 1823, les boutons disparurent, aussitôt cet homme éprouva des malaises, perte d'appétit, et crut sentir dans l'estomac une barre qui l'empêchait de prendre aucune espèce de nourriture, ou le forçait de rejeter celle qu'il avait prise.

Il ne fallait pas faire un grand effort de génie pour reconnaître dans le malade une repercussion d'humeurs; le simple instinct de la conservation suffisait pour démontrer la nécessité de provoquer les évacuations de matières de ces humeurs; point du tout, le premier Docteur appelé fait mettre 14 ou 16 sangsues au bas ventre, prescrit une tisanne insignifiante et ordonne une diète sévère.

Au bout de quelques jours, le malade se trouvant fort mal de ce traitement, crut devoir changer son esculape, et fit appeler le Docteur dit le *Docteur Prudent*. Ce *savant* praticien, inspection faite de son malade, puisa dans le puits profond de sa science et en retira la lumineuse idée de poser 16 nouvelles sangsues à la partie inférieure des reins, prescrivit l'usage d'un opiat, et soumit le malade à une diète plus sévère que la première, puis se retira en disant que si il n'y avait pas de mieux il en faudrait venir aux grands bains.

L'état du malade empirant, on eut recours aux fameux bains dont trois suffirent pour conduire le malheureux au tombeau.

Le Docteur Prudent ne s'est pas montré Docteur désintéressé, car pour avoir été deux fois à une lieue de chez lui il se fit donner 25 fr.

Avis aux individus qui veulent perdre à la fois la vie et leur argent.

Je ne crains pas d'avancer que 4 ou 5 Médecines de M. Leroy, prises à temps, auraient sauvé la vie à ce père de famille.

Dans le courant de l'été 1823, une pauvre femme entrant dans la maison d'un bourgeois de

Provins, fut mordue légèrement au bras par un chien de chasse qui était couché dans la cour, et auquel elle avait donné à ce qui paraît un coup de pied.

Après une légère discussion avec le propriétaire de la maison, cette femme se retira et alla montrer son espèce de blessure au S....* Chirurgien à Provins.

Celui-ci voulant profiter de la circonstance, effraya cette pauvre femme, en lui disant que ce chien pouvait être enragé et qu'il fallait prévenir tous accidens fâcheux en cautérisant la plaie.

Cette femme se laissa donc cautériser et revint le lendemain chez le propriétaire du soit-disant chien enragé avec un bras gros comme la cuisse et lui demanda une forte indemnité, attendu d'une part que sa blessure lui occasionnait une grande perte de temps, et que de l'autre le Chirurgien lui demandait 40 fr. pour lui avoir cautérisé sa prétendue plaie.

M...* trop éclairé pour être dupe d'un tour de friponnerie aussi grossier, et trop généreux pour refuser des secours à cette malheureuse, lui offrit 40 fr. qui furent acceptés après quelques contestations.

Avis aux personnes qui désirent d'un petit mal en faire un grand.

Une pommade, dont je connais la propriété, aurait guéri cette femme de cette petite morsure en 24 heures, pour la modique somme de 25 centimes.

On citait dernièrement un individu à qui un médicastre de campagne avait fait apposer 15 ou 20 sangsues à l'anus pour une constipation. On assurait que l'homme était fort mal depuis cette époque et courait de grands dangers.

 *Avis aux constipés.*

Imprimerie de LEMAITRE, à Nogent-sur-Seine.

www.ingramcontent.com/pod-product-compliance
Lightning Source LLC
Chambersburg PA
CBHW070716050426
42451CB00008B/676